BEI GRIN MACHT SICH IHR WISSEN BEZAHLT

- Wir veröffentlichen Ihre Hausarbeit,
  Bachelor- und Masterarbeit

- Ihr eigenes eBook und Buch -
  weltweit in allen wichtigen Shops

- Verdienen Sie an jedem Verkauf

Jetzt bei www.GRIN.com hochladen
und kostenlos publizieren

Monika Jenke

Soziale Arbeit mit Demenzkranken. Pflegende und betreuende Angehörige im Mittelpunkt

Welche Handlungsmöglichkeiten und Unterstützungsmöglichkeiten bietet die Soziale Arbeit Demenzkranken, im Besonderen deren Angehörigen?

GRIN Verlag

Bibliografische Information der Deutschen Nationalbibliothek:

Die Deutsche Bibliothek verzeichnet diese Publikation in der Deutschen National-
bibliografie; detaillierte bibliografische Daten sind im Internet über http://dnb.d-
nb.de/ abrufbar.

Impressum:

Copyright © 2014 GRIN Verlag GmbH
Druck und Bindung: Books on Demand GmbH, Norderstedt Germany
ISBN: 978-3-656-72211-3

Dieses Buch bei GRIN:

http://www.grin.com/de/e-book/278439/soziale-arbeit-mit-demenzkranken-pflegen-
de-und-betreuende-angehoerige

Alice Salomon Hochschule Berlin

Wintersemester 2013/14

Veranstaltung: Soziale Gerontologie

Pflegende und betreuende Angehörige im Mittelpunkt:

Welche Handlungsmöglichkeiten und Unterstützungsstrategien bietet die soziale Arbeit Demenzkranken, im Besonderen deren Angehörigen?

Name und Anschrift: Monika Jenke

6.Semester

Abgabedatum: Berlin, den 22.01.2013

Pflegende und betreuende Angehörige im Mittelpunkt:

Welche Handlungsmöglichkeiten und Unterstützungsstrategien bietet die soziale Arbeit Demenzkranken, im Besonderen deren Angehörigen?

Pflegende und betreuende Angehörige im Mittelpunkt:

Welche Handlungsmöglichkeiten und Unterstützungsstrategien bietet die soziale Arbeit Demenzkranken, im Besonderen deren Angehörigen?

1 Einleitung

Heutzutage sind allein in Deutschland bis zu 1,4 Millionen Menschen an Demenz erkrankt. Aufgrund der steigenden Lebenserwartung ist damit zu rechnen, dass sich die Zahl der Demenzkranken in den nächsten Jahren weiter erhöhen wird. Laut Prognosen könnte sich die Zahl der Demenzkranken in Deutschland bis zum Jahr 2030 auf etwa 2,2 Millionen erhöhen. (vgl. Bundesministerium für Gesundheit, Stand 10.12.2013) Bekannt ist, dass bis heute Defizite bei der Ursachenerforschung von Demenz, wie auch bei der frühzeitigen Diagnose, bestehen. Bedauerlicherweise gibt es bisher kaum Kenntnisse, wie die Krankheit verhindert werden kann und keine konkreten Heilungsmöglichkeiten. Betreuende oder pflegende Angehörige von Demenzkranken stoßen durch die Vielzahl der Aufgaben oftmals an die Grenze ihrer eigenen körperlichen und seelischen Belastbarkeit. Gute Aufklärung und Unterstützung von Betroffenen und deren Angehörigen, ermöglichen einen besseren Umgang mit der Krankheit und verbessern somit die Lebenssituation von Betroffenen und deren Umfeld. Auf Grund dessen soll in der vorliegenden Arbeit zunächst die Krankheit und deren Formen definiert werden. Anschließend wird die sehr weit verbreitete Form von Demenz, die senile Demenz vom Alzheimertyp, näher betrachtet. Ein besonderer Fokus dieser Arbeit liegt auf den Handlungskompetenzen und Unterstützungsmöglichkeiten der sozialen Arbeit. Speziell werden die Funktionen des Case Managements und der rechtlichen Betreuung näher fokussiert. Der anschließende Punkt wird der Angehörigenarbeit gewidmet sein. Dieser umfasst unter anderem Hilfsansätze, die den Umgang mit Demenzkranken erleichtern möchten, sowie spezielle Entlastungsangebote für Angehörige. Aufgrund dessen, dass Angehörige oftmals in vielfacher Weise von der Demenzerkrankung mit betroffen sind und einen Großteil der Betreuung, Pflege und Unterstützung leisten, wird diese Arbeit speziell mit auf diese Personengruppe ausgerichtet werden. Schwierige persönliche Erfahrungen in der Betreuung eines nahestehenden Angehörigen und das Wissen darüber, dass viele betreuende und pflegende Angehörige unter hohen Belastungen leiden, veranlassen mich dazu schwerpunktmäßig die Unterstützungsmöglichkeiten für diese Personengruppe näher zu betrachten. Abschließend wird eine Zusammenfassung der erarbeiteten Ergebnisse im Fazit dargestellt. Sofern geschlechtsneutrale Formulierungen nicht möglich sind oder Auswirkungen auf die Lesbarkeit dieser Arbeit haben, werden männliche und weibliche Form unsystematisch verwendet. Selbstverständlich ist immer auch das jeweils andere Geschlecht gemeint.

2 Definition Demenz

Der Begriff der Demenz wurde 1797 von dem französischen Arzt Pinel eingeführt und setzt sich aus den lateinischen Wörtern de und mens zusammen. Übersetzt bedeutet dies Fehlen des Verstandes. (vgl. Steurenthaler, 2013,S.25) In der Medizin bezeichnet man die Demenz als einen anhaltenden, bzw. fortschreitenden Zustand herabgesetzter Fähigkeiten in den Bereichen des Gedächtnisses, des Denkens und anderer höherer Leistungen des Gehirns. Nach dem ICD-10 (Internationale statistische Klassifikation der Krankheiten und verwandter Gesundheitsprobleme) wird Demenz wie folgt bezeichnet:

> „Ist ein Syndrom als Folge einer meist chronischen oder fortschreitenden Krankheit des Gehirns
> mit Störung vieler höherer kortikaler Funktionen, einschließlich Gedächtnis, Denken,
> Orientierung, Auffassung, Rechnen, Lernfähigkeit, Sprache und Urteilsvermögen. Das
> Bewusstsein ist nicht getrübt. Die kognitiven Beeinträchtigungen werden gewöhnlich von
> Veränderungen der emotionalen Kontrolle, des Sozialverhaltens oder der Motivation begleitet,
> gelegentlich treten diese auch eher auf. Dieses Syndrom kommt bei Alzheimer- Krankheit, bei
> zerebrovaskulären Störungen und bei anderen Zustandsbildern vor, die primär oder sekundär das
> Gehirn betreffen." (zit. Deutschen Institut für Medizinische Dokumentation und Information,
> Stand 2013)

Demenz signifiziert somit ein Muster von Symptomen, welches in unterschiedlicher Gestalt und Ausprägung vorkommt, und bezeichnet daher nicht ausschließlich eine bestimmte Krankheit oder ausschließlich die schweren Formen des intellektuellen Abbaus. Daher unterscheidet sich der medizinische Sprachgebrauch erheblich von dieser wörtlichen Bedeutung „Fehlen des Verstandes". Annähernd 80% der Demenzzustände werden durch verschiedene Krankheiten des Gehirns herbeigeführt, bei denen eine erhebliche Zahl der Nervenzellen und Nervenzellverbindungen allmählich absterben. Dieser Vorgang wird in der Medizin als Neuro- Degenerationen bezeichnet. (vgl. Kurz, 2013, S. 5) Der Verlauf der Demenz variiert je nachdem welche Bereiche des Gehirns besonders stark betroffen sind. Daher sind einige Formen der

Demenz behandel- teilweise sogar vollständig heilbar, andere verlaufen ungleichmäßig, mit abwechselnden Phasen der Verbesserung und Verschlechterung. Überdies existieren weitere Formen der Demenz, die ab einem bestimmten Zeitpunkt stagnieren oder einem steten Fortschreiten der Schädigungen im Gehirn unterliegen. Somit wird bei diesen Formen die geistige Leistungsfähigkeit unaufhaltsam abgebaut. (vgl. Steurenthaler, 2013, S.25)

2.1 Demenzformen

Eine Demenz kann durch unterschiedliche Ursachen hervorgerufen werden. Generell unterscheidet man zwischen primären und sekundären Demenzen.

Primäre Demenz:

Der Krankheitsprozess bei primären Demenzen beginnt direkt im Gehirn. Eigenständige Erkrankungen des Gehirns sind die Ursache. Nach heutigem Wissensstand sind diese irreversibel, das bedeutet, dass diese nicht mehr rückgängig gemacht werden können.

Die weitverbeiteste Form der primär degenerativen Demenz ist die „senile Demenz vom Alzheimer Typ", meist nur als Alzheimer Krankheit bezeichnet. Die senile Demenz vom Alzheimer Typ wird in Punkt 4 näher erläutert. Neben der Alzheimer Krankheit existieren noch weitere primäre Demenzen, wie z.b. die vaskulären Demenzen, diese sind gefäßbedingte Demenzen. Ursachen für diese Formen können Durchblutungsstörungen, wie z.b. anhaltender Bluthochdruck sein. Die vaskuläre Demenz ist nach der Alzheimer Krankheit die am häufigsten vorkommende dementielle Erkrankung.(vgl. Steurenthaler, 2013, S. 29)

Sekundäre Demenz:

Sekundäre Demenzen sind die Folge anderer Grunderkrankungen, z.B. Stoffwechselerkrankungen, Vitaminmangelzustände oder Depressionen. Für demenzielle Symptome können ebenso Hirntumore oder- geschwulste, wie auch ein Normaldruckhydrozephalus, das ist eine Abflussstörung der Hirnrückenmarksflüssigkeit, verantwortlich sein. Teilweise sind diese Grunderkrankungen behandelbar, vereinzelt ist eine Rückbildung der Demenzsymptomatik möglich. Zu den sekundären Demenzen zählen beispielsweise das Korsakow- Syndrom und die Demenz bei Morbus Parkinson. (vgl. Steurenthaler, 2013,S.29)

2.2 Die senile Demenz vom Alzheimer Typ

Die weitverbeiteste Form der primär degenerativen Demenz ist die „senile Demenz vom Alzheimer Typ", meist nur als Alzheimer Krankheit bezeichnet. Die Alzheimer Krankheit ist nach dem deutschen Neurologen Alois Alzheimer benannt, der die Symptome erkannt und beschrieben hat. Die Krankheit zählt zu einer Gruppe von neurodegenerativen Prozessen. Das bedeutet, dass Nervenzellen im Gehirn durch eiweißhaltige Ablagerungen zerstört werden. Parallel hierzu sterben die für die Übertragung von Informationen wichtigen Dendriten, sprich Nervenzellfortsätze, ab. Diese Veränderungen im Gehirn können bereits 15 bis 30 Jahre vor dem Auftreten der ersten klinischen Krankheitssymptome beginnen. (vgl. Steurenthaler, 2013, S.32) Die Symptome treten meist in Form von verstärkter Vergesslichkeit auf. Alltagstätigkeiten sind jedoch noch nicht beeinträchtigt. Man bezeichnet dieses Stadium, das der Demenz vorausgeht, als leichte kognitive Störung. Es ist davon auszugehen, dass dieses Krankheitsstadium fünf bis zehn Jahre dauert. Abgesehen von den Gedächtnisstörungen, die vor allem die Speicherung und den Abruf neuer Informationen betreffen, können ebenso mögliche Störungen der Aufmerksamkeit, sowie der optisch- räumlichen Orientierung vorkommen. Die Entscheidungsfähigkeit z.b. bei Rechtsgeschäften und Vorausverfügungen ist noch nicht eingeschränkt, ebenso ist die Funktionsfähigkeit im Alltag bei den betroffenen Personen überwiegend erhalten. Bei komplizierten Aufgaben können jedoch Schwierigkeiten auftreten. Stufenlos geht die leichte kognitive Störung in den Zustand der Demenz über. Der Übergang lässt sich festlegen, wenn auch bei der Verrichtung einfacher Alltagstätigkeiten Schwierigkeiten auftreten. Der Verlauf der Alzheimer Krankheit wird nach Überschreitung der Schwelle von der leichten kognitiven Störung zur Demenz in folgende drei Stadien eingeteilt: die leichtgradige, die mittelschwere und die schwere Demenz. Durchschnittlich dauert jedes dieser Stadien drei Jahre. (vgl. Kurz, 2013, S.9f.)

2.2.1 Die leichtgradige Demenz

Die Gedächtnisstörungen stehen hier im Vordergrund. Nicht die Erinnerung an frühere Ereignisse sind betroffen, sondern neue Informationen zu speichern und abzurufen. An kurz zurückliegende Ereignisse erinnern sich betroffene Personen nur bruchstückhaft. Ebenso werden verlegte Gegenstände nicht mehr gefunden und Verabredungen vergessen. Außerdem tritt meist Unsicherheit in der örtlichen und zeitlichen

Orientierung auf, wie auch Wortfindungsstörungen. Patienten verfügen in dieser Krankheitsphase noch über die Fähigkeit Urteile zu fällen und vernünftige Abwägungen zu treffen. Aus diesem Grund sollten Patienten in diesem Stadium an Entscheidungen, die ihre Behandlung betreffen, unbedingt beteiligt werden. Während der Phase der leichtgradigen Demenz bleibt die Selbständigkeit überwiegend erhalten. Jedoch sind diemeisten betroffenen Personen bei der Bewältigung von komplizierteren Aufgaben, wie z.b. bei der Führung eines Bankkontos oder der Benutzung von öffentlichen Verkehrsmitteln, auf Hilfe angewiesen. Größtenteils kann eine berufliche Tätigkeit nicht mehr ausgeübt werden. Bei den meisten Patienten lässt der eigene Antrieb und die Eigenaktivität   nach.   Andere   Betroffene   hingegen   sind   starken Stimmungsschwankungen oder Reizbarkeit ausgesetzt. Depressive Zustände sind im Stadium der leichtgradigen Demenz nicht selten. (vgl. Kurz, 2013, S.10 f.)

2.2.2 Die mittelschwere Demenz

Mit der Zeit erreichen die Einschränkungen von Gedächtnis, Denkvermögen und Orientierung einen Grad, der die selbstständige Lebensführung für die Betroffenen unmöglich macht. Zunehmend benötigen Patienten Hilfe bei einfachen Alltagsaufgaben, wie z.B. beim Einkaufen, beim Zubereiten von Mahlzeiten, bei der Körperpflege u.v.m. Dieses Krankheitsstadium wird als mittelschwere Demenz bezeichnet. Patienten leiden an Orientierungslosigkeit, beispielsweise finden diese sich in ihrer eigenen Wohnung nicht mehr zurecht. Die Tageszeit und das Datum kann nicht mehr richtig zugeordnet werden. Mehrere Patienten sind nicht mehr in der Lage vollständige Sätze zu bilden, daher sind sie nur schwer zu verstehen. Einfache kurze Mitteilungen können noch aufgefasst werden, längere mit komplexerem Inhalt, jedoch nicht. An zurückliegende Ereignisse kann sich meist nicht mehr erinnert werden. Daraus folgt, dass betroffene Personen sich beispielswiese nicht daran erinnern können, wen sie geheiratet haben oder welchen Beruf sie ausgeübt haben. Manche Betroffene erkennen die engsten Angehörigen nicht mehr oder erschrecken vor ihrem eigenen Spiegelbild. Desweiteren entwickeln Betroffene oftmals Veränderungen ihres gewöhnlichen Verhaltens. Ein vielfaches Leiden ist eine hochgradige Unruhe. Nicht selten werden Patienten rastlos, verfolgen immerzu ihre Bezugspersonen oder möchten fortlaufend ihre Wohnung verlassen. Wahnhafte Befürchtungen oder Überzeugungen treten ebenso häufig auf. Häufig entwickeln Patienten die Befürchtung bestohlen, betrogen oder abgeschoben zu werden. Weiterhin tritt bei einigen Patienten Inkontinenz gegen Ende der mittelschweren Demenz auf. (vgl. Kurz, 2013, S.11 f.)

2.2.3 schwere Demenz

Das letzte Stadium ist von einem äußerst hochgradigen geistigen Abbau geprägt. Die Patienten sind bei jeglichen Aufgaben des täglichen Lebens auf Hilfe angewiesen. Sprachliche Fähigkeiten beschränken sich auf wenige Wörter oder schwinden vollkommen. Etliche betroffene Personen sind auf eine Gehhilfe oder einen Rollstuhl angewiesen oder werden bettlägerig. Die Körperhaltung kann nur noch schwer kontrolliert werden, auch die Kontrolle über Blase und Darm ist nur noch wenigen gegeben. Desweiteren treten bei manchen Patienten körperliche Komplikationen, wie Schluckstörungen, Versteifung von Gliedmaßen und Krampfanfälle auf. Die Infektionsanfälligkeit ist in diesem letzten Stadium erhöht. Der Krankheitsverlauf und somit die Geschwindigkeit, mit der die Krankheitszeichen zunehmen, kann sich bei einigen Patienten sehr unterschiedlich auswirken. Im Allgemeinen geht man davon aus, dass die Krankheit umso schneller verläuft, je früher diese im Leben auftritt. (vgl. Kurz, 2013, S.12)

3 Handlungskompetenzen und Unterstützungsangebote der sozialen Arbeit

Demenz kann die Erkrankten, wie auch vor allem deren Angehörige vor große Herausforderungen stellen. Mehrfach müssen Entscheidungen auch von Angehörigen getroffen werden, die teilweise aus Unwissenheit bzw. aus der Dringlichkeit heraus nur sehr schwer zu treffen sind. Desweitern benötigt diese Personengruppe Unterstützung in verschiedensten Bereichen der Pflege und Betreuung. Hierbei hat sich vor allem der Einsatz von einzelfallorientiertem Case Management bewährt. Daher soll dieser Arbeitszweig der sozialen Arbeit im Folgenden näher, anhand der Beratungsstelle der DRK Alzheimerhilfe- Bochum, erklärt werden. Hierbei soll beleuchtet werden wie sich der Case Management- Prozess speziell für die Angehörigen von Demenzkranken gestaltet und wie diese dadurch erhebliche Unterstützung in ihrer Lebensbewältigung finden.

3.1 Definition Case Management

Zunächst wird der allgemeine Case Management Prozess erläutert, bevor anschließend dieser Arbeitsprozess im Speziellen für Angehörige von Demenzkranken ausführlich beschrieben wird. Unter Case Management versteht man das Konzept der Unterstützung von Einzelnen, Familien und Kleingruppen, welches durch eine generelle und fallverantwortliche Beziehungs- und Koordinierungsarbeit, Klärungshilfe, Beratung und den Zugang zu erforderlichen Dienstleistungen sicherstellt. Hierbei werden die Klienten dazu befähigt Unterstützungsleistungen selbständig zu nutzen. (vgl. Neuffer, 2002, S.19) Der Prozess wird in unterschiedliche Arbeitsphasen eingeteilt. Laut Ewers umfasst dieser sechs wesentliche Arbeitsphasen: die Identifikation, das Assessment, die Entwicklung des Versorgungsplans, die Implementation des Versorgungsplans, sowie das Monitoring und Reassessment. (vgl. Ewers, 2000, 72ff.) Im Folgenden werden diese Arbeitsschritte kurz erläutert.

-Identifikation

> „Die Identifikation umfasst die Auswahl der Zielgruppe bzw. des Klienten, die psychosoziale und/oder medizinisch-pflegerische Dienstleistungen benötigen und für die Case Management eine geeignete Hilfe darstellen kann." (zit. Kuhlmann, 2005, S. 70)

-Assessment

Im Assessment wird eine systematische und detaillierte Erhebung aller für die Versorgungsplanung notwendigen Daten erhoben und eine tragfähige Beziehung zum Klienten aufgebaut. Gemeinsam ermittelt der Case Manager mit seinem Klienten objektive Defizite in der Selbstversorgung, individuelle Selbstversorgungsbedürfnisse, sowie bestehende Ressourcen. (vgl. Kuhlmann, 2005, S.72)

-Entwicklung des Versorgungsplanes

Der Versorgungsplan wird aus den im Assessment gewonnenen Erkenntnissen heraus entwickelt. Diese werden gemeinsam mit dem Klienten und seinem sozialen Umfeld wie z.B. Verwandten, Pflegenden, etc. in die Tat umgesetzt und schriftlich festgehalten.

-Implementation

Anschließend an die Phase der Entwicklung des Versorgungsplanes folgt die Phase der Implementation. In dieser Phase wird der Versorgungsplan umgesetzt. Der Case Manager verhandelt mit den Kostenträgern und Leistungsanbietern und koordiniert das Leistungsgeschehen. Er fungiert als Verbindungsglied zwischen dem Patient und dessen sozialem Umfeld und der verantwortlichen Dienstleistungsorganisation. (vgl. Kuhlmann, 2005, S. 73)

-Monitoring und Reassessment

Im Monitoring und Reassessment findet eine kontinuierliche Verlaufskontrolle statt. Diese kontinuierliche Verlaufskontrolle ermöglicht, dass frühzeitig Qualitäts- und

Versorgungsmängel erkannt werden und somit behoben werden können. (vgl. Kuhlmann, 2005, S.74)

- Evaluation und Abschluss

Nachdem eine Lösung des Versorgungsproblems gefunden wurde und die Klientin entlassen wurde, erfolgt die Evaluation und der Abschluss des Case Management-Prozesses. (vgl. Kuhlmann, 2005, S. 74)

3.1.2 Case Management in der Beratungsstelle der DRK- Alzheimerhilfe Bochum

Ein besonderer Schwerpunkt der Arbeit der Beratungsstelle der DRK Alzheimerhilfe stellt die Beratung von Erkrankten und Angehörigen dar. Durch das Beratungsangebot soll die Lebensqualität für beide Personengruppen verbessert werden. Desweiteren sollen pflegende und betreuende Angehörige Entlastung und Unterstützung erhalten. Dies geschieht z.B. durch die Vermittlung geeigneter begleitender Hilfen. Die Vermittlung geeigneter Hilfen erfolgt speziell in schwierigen Situationen und gleicht dem Case Management- Prozess. (vgl. Dirksen, et al., 1999,S.35) Case Management wird in der DRK- Alzheimerhilfe als ein Bestandteil anlässlich der Beratungsarbeit verwendet. Einzelne Schritte daraus werden in der Beratungsarbeit umgesetzt. Hierbei bezieht sich das Case Management ausdrücklich auf die Vermittlung geeigneter praktischer Hilfen und die Organisation eines Hilfe- und Unterstützungsnetzwerks.

Nachfolgend wird beschrieben, wie die DRK Alzheimerhilfe Case Management in ihrer Beratungsarbeit einsetzt. Die erste Phase der Kontaktaufnahme zur Beratungsstelle entspricht der Identifikation im üblichen Ablauf des Case Managements. Ratsuchende finden Zugang durch die Überweisung von niedergelassenen Ärzten oder durch telefonischen Kontakt. Infolge der Kontaktaufnahme wird die Zuständigkeit geklärt und der Beratungsprozess initiiert. Anschließend an die Kontaktaufnahme erfolgt die detaillierte Anamnese. Die Datenerfassung des Klienten findet statt. Weiterhin werden Ressourcen und Defizite des demenzkranken Menschen, wie auch Informationen über den aktuellen Gesundheitszustand, aufgenommen. Ebenso werden biographisch bedeutende Lebensdaten vermerkt, wie z.B. Familienstand, Berufstätigkeit, Ruhestand, Interessen, kritische Lebensereignisse, usw. Die bisher behandelnden Ärzte und eingebundenen ambulanten Dienste werden ermittelt. Die Analyse des bisherigen Standes der Demenzerkrankung findet statt. Diese explizite Datensammlung stellt in der Beratungstätigkeit die Grundlage für das weitere Vorgehen dar und entspricht somit der Phase des Assessments. Anschließend an diese Datensammlung erfolgt die

Problemanalyse. Diese ist in Bezug auf den Regelkreis des Case Management zwischen Assessment und Planung integriert. Hierbei sollen die gegenwärtige Pflegesituation, der Belastungszustand, bereits unternommene Bewältigungsversuche, sowie vorhandene Unterstützungsressourcen und Hindernisse für die Inanspruchnahme von Hilfen, analysiert werden. Im Anschluss daran erfolgt die Zielanalyse. Diese ist auf die Erkenntnisse der Anamnese und Problemanalyse ausgerichtet. Gewünschte und erforderliche Ziele werden im Austausch mit dem Ratsuchenden, herausgearbeitet. Gemeinsame Lösungsstrategien werden gesucht und festgelegt. Die Erarbeitung eines Zeitplanes erfolgt. Die Zielanalyse ist mit der Phase der Planung vergleichbar. In speziellen Angelegenheiten, hauptsächlich in krisenhaften Gegebenheiten oder Lebenslagen, führen die Mitarbeiterinnen der Beratungsstelle die Organisation und Koordination begleitender Hilfen selbst aus, wie z.B. Fahrdienste oder Tageszeitpflege. Stellvertretend nehmen die Mitarbeiterinnen für den Angehörigen Kontakt zu anderen Institutionen und Diensten auf, und stellen somit eine Verbindung zwischen dem Hilfesuchenden und dem Dienstleister her. Diese Phase kann der Implementation zugeordnet werden. Im üblichen Case Management Prozess bilden die Phase des Monitorings, des Reassessments und der Evaluation den Abschluss. Diese Phasen sind im Beratungsansatz der DRK- Alzheimerhilfe Bochum nicht ausdrücklich vorgesehen. Allerdings entsteht häufig anlässlich weiterer Angebote der Beratungsstelle, ein intensives Betreuungs-, Beratungs- und Unterstützungsverhältnis zwischen den Beraterinnen, Angehörigen und den Demenzkranken. Teilweise erstreckt sich dieses Unterstützungsverhältnis über den kompletten Krankheitsverlauf hinweg. Angehörigen wird die Möglichkeit gegeben auch z.B. nach Beendigung der akuten Pflege weiterhin Hilfestellungen in nachsorgenden Bereichen zu erhalten. Desweiteren werden die durchgeführten Lösungsstrategien bewertet. Hier kann eine unzureichende Übereinstimmung von Angebot und Bedarf festgestellt werden und falls notwendig neu überarbeitet werden. Somit werden die Phasen des Monitoring, des Reassessments und der Evaluation zwar nicht ausdrücklich vorgesehen, jedoch ansatzweise in der Beratungstätigkeit berücksichtigt. Dies geschieht in vermittelter Form über den fortlaufenden Kontakt der Beratung zu den Angehörigen. (vgl. Kuhlmann, 2005, S. 99ff.)

4 Betreuungsrecht

Sozialarbeiter, deren Arbeitsfeld sich auf die Betreuung und Begleitung demenzkranker Personen und deren Angehörigen erstreckt, sollten über ausreichende Kenntnisse und Kompetenzen von rechtlichen Rahmenbedingungen mit dieser Personengruppe verfügen, um auch Angehörige ausführlich über das Betreuungsrecht aufklären zu können. Schließlich führen neben ehrenamtlichen Mitarbeitern und beruflichen Betreuern, überwiegend Familienangehörige die Aufgabe der rechtlichen Betreuung aus. (vgl. Zimmer, 2009,S.55) Die Übernahme der rechtlichen Betreuung bringt für manche Angehörigen eine Vielzahl an neuen Aufgaben mit sich und kann viele Fragen aufwerfen. Aus diesem Grund soll im Weiteren das Betreuungsrecht näher beleuchtet werden.

Gesetzlich sind die Grundlagen des Betreuungsrechtes in den §§ 1896 ff. BGB geregelt. Das Betreuungsrecht betrifft volljährige Personen, „... **die aufgrund einer psychischen Krankheit oder einer körperlichen, geistigen oder seelischen Behinderung ihre Angelegenheiten ganz oder teilweise nicht besorgen können."** (zit. **Bundesministerium der Justiz und für Verbraucherschutz, 2013, S.**4) Die gesetzliche Betreuung beinhaltet demnach für die betroffene Person zu handeln. Art und Umfang der Betreuung sind exakt festgelegt. Die Betreuungsperson soll die persönlichen Wünsche beachten und das Selbstbestimmungsrecht wahren, soweit dies möglich ist und dem Wohl des Betroffenen dient. (vgl. **Bundesministerium der Justiz und für Verbraucherschutz, 2013, S.**4) Die Betreuung umfasst nach § 1901 Abs.1 BGB, die Tätigkeiten, die notwendig sind, um Angelegenheiten rechtlich zu besorgen. Daher darf kein Betreuer beantragt werden, wenn eine demenzkranke Person, z.B. nur jemanden benötigt, der ihm bei der Pflege oder im Haushalt hilft. (vgl. Zimmer, 2009,S. 51).

4.1 Relevante Grundsätze des Betreuungsrechts

Folgende Grundsätze sind beim Betreuungsrecht zu beachten.

- Das Prinzip der Erforderlichkeit

Eine Betreuung darf nur dann angeordnet werden, sofern der Betroffene seine Angelegenheiten nicht selbständig regeln kann. Gerichtlich wird ermittelt welche Angelegenheiten vom Betroffenen nicht mehr selbständig auszuführen sind. Das Gericht hat desweiteren die Aufgabe den exakten Umfang und die Erforderlichkeit der Aufgabenkreise festzustellen. (vgl. Zimmer, 2009, S.51 f.) Somit darf ein Betreuer nur diese festgelegten Angelegenheiten übernehmen. (vgl. Zimmer, 2009, S.51)

- Nachrangigkeit der Betreuung

Aus dem Prinzip der Erforderlichkeit ergibt sich eine Nachrangigkeit, die sogenannte Subsidiarität. Demnach ist eine Betreuung nicht zu gewähren, falls sonstige Hilfestellungen vorhanden sind, wie z.b. eine Vorsorgevollmacht oder soziale Hilfe von der Familie, Nachbarn, soziale Dienste etc. (vgl. Zimmer, 2009, S.52 f.) Die Subsidarität der Betreuung gegenüber diesen sonstigen Hilfestellungen ist nicht uneingeschränkt gültig. Diese ist nur insoweit gültig, sofern die sonstige Hilfe die Angelegenheit in gleicher Qualität, wie die eines Betreuers, ausführen kann. (vgl. Zimmer, 2009, S.53)

-zeitliche Begrenzung

Eine Betreuung ist kein dauerhafter Zustand und soll nur solange stattfinden, wie die Hilfe notwendig ist. (vgl. Jurgeleit, 2006, S.13 f.) Aufgrund des fortschreitenden Nachlassens kognitiver Fähigkeiten ist es allerdings in den wenigsten Fällen einer Demenzerkrankung möglich eine eingesetzte Betreuung wieder aufzuheben.

- Selbstbestimmung und Selbständigkeit des Betreuten

Das Erforderlichkeitsprinzip verhindert die Abnahme von Fähigkeiten durch zu viel Betreuung. Der Betroffene sollte soweit wie möglich in seiner Selbstbestimmung und Selbständigkeit erhalten bleiben. Grundsätzlich muss der Betreuer den Wünschen des Betreuten entsprechen, mit Ausnahme von § 1903 BGB, dem Einwilligungsvorbehalt. Dieser Einwilligungsvorbehalt besagt, dass der Betreuer nicht den Wünschen des Betreuten entsprechen muss, sofern dieser sich selbst oder seinem Vermögen erheblich schaden würde. Dieser Vorbehalt muss gerichtlich beantragt werden. (vgl. Jurgeleit, 2006,S. 14)

- Prinzip der Ehrenamtlichkeit

Grundsätzlich ist die Tätigkeit eines Betreuers ein unentgeltlich geführtes Ehrenamt. Ein Berufsbetreuer soll nur dann bestellt werden, wenn keine andere befähigte Person zur Verfügung steht. (vgl. Jurgeleit, 2006, S. 14 f.)

Angehörige, die eine gesetzliche Betreuung übernehmen, sollten über diese Grundsätze des Betreuungsrechtes beraten und aufgeklärt werden, damit die Betreuung in angemessener Weise und zum Wohl des Betroffenen, ausgeführt werden kann.

4.2 Aufgabenkreise eines Betreuers

Die wesentlichen Aufgabenkreise der Betreuung beziehen sich auf die Vermögenssorge, das Aufenthaltsbestimmungsrecht und die Gesundheitsfürsorge, sofern die Postvollmacht und die Heimvertretung zu den genannten Aufgabenkreisen nicht hinzukommen. Im Weiteren werden diese Aufgabenbereiche näher erläutert.

Vermögenssorge:

Im Verantwortungsbereich der Vermögenssorge ist der Betreuer beauftragt die finanziellen Belange des Betreuten zu regeln. Das beinhaltet unter anderem die täglichen Ein- und Ausgaben zu regeln und Anrechte zu vertreten. Überdies muss der Betreuer die finanziellen Angelegenheiten des Betreuten schützen, beispielsweise, wenn bei Kaufverträgen oder ähnlichem unrechtmäßige Forderungen von Dritten gestellt werden. Der Wille und das Wohl des Betroffenen sind hierbei nach § 1901 BGB stets zu berücksichtigen. (vgl. Zimmer, 2009, S. 80f) Angehörige, welche die gesetzliche Betreuung ausführen, müssen alle zwei Jahre eine ausführliche Auflistung des Vermögens von ihrem Betreuten beim Gericht einreichen. (vgl. **Bundesministerium der Justiz und für Verbraucherschutz, 2013, S.22 f.)**

Aufenthaltsbestimmungsrecht:

Darunter ist das Mitwirken bei einer Wohnungsaufgabe oder vorbereitende Schritte für eine Heimunterbringung zu verstehen. Ergänzend hierzu berechtigt dieser Aufgabenkreis zur Umstellung der unsicheren häuslichen Pflege auf die Pflege in einem Heim. Desweiteren wird darunter die Berechtigung zur Aufhebung oder Begründung des Wohnsitzes verstanden. Die Zuweisung des Aufenthaltsbestimmungsrechtes an den Betreuer setzt voraus, dass der Betreute die Entscheidungen, die seinen Aufenthalt betreffen nicht mehr selbständig treffen kann und ein Wohnsitzwechsel dringend erforderlich ist. (vgl. Zimmer, 2009, S.66)

Gesundheitssorge:

Unter Gesundheitssorge ist die komplette medizinische Versorgung und Vorsorge für sämtliche Erkrankungen zu verstehen. (vgl. Jurgeleit,2006, S.197) Jede medizinische Maßnahme, es sei denn es handelt sich um eine Notbehandlung, muss vom Betroffenen oder seines gesetzlichen Vertreters eingewilligt werden. Der Betreuer ist allerdings nach § 1904 BGB auf die Genehmigung des Vormundschaftsgerichtes angewiesen, sofern ärztliche Maßnahmen lebensbedrohlich sind, bzw. die Gefahr einer dauerhaften

Schädigung besteht. In diesem Fall benötigt der Betreuer die Genehmigung des Vormundschaftsgerichtes, ehe er in die bevorstehenden Maßnahmen einwilligen kann. (vgl.Seichter,2005,S.133f.)

4.3 Pflichten des Betreuers:

Der gesetzliche Betreuer ist nicht nur dazu angehalten die gesetzliche Vertretung der zu betreuenden Person zu übernehmen, sondern auch bestimmte Pflichten zu erfüllen. Nachfolgend werden diese Pflichten im Einzelnen geschildert.

Die Wunscherfüllungspflicht nach § 1901 Abs.3, S.1 BGB:

Der Betreute soll weitest gehend noch ein Leben nach eigenen Wünschen führen können. Wunsch und Wohl des Betreuten müssen stets im Vordergrund stehen. Die Wunscherfüllungspflicht muss auch in Bezug auf Wünsche, die der Betreute noch vor der Demenzerkrankung in Form einer Betreuerverfügung niedergelegt hat, beachtet werden. Jedoch ist die Wunscherfüllungspflicht begrenzt. Im Fall, dass die betreute Person sich selbst schädigen würde, ist der Betreuer dazu berechtigt Entscheidungen ausdrücklich gegen den Willen des Betreuten zu treffen. (vgl. Zimmer, 2009, S. 73 f).

Die Besprechungspflicht nach § 1901 Abs.3 S.3 BGB:

Aus der Wunscherfüllungspflicht ergibt sich die Besprechungspflicht. Der Betreuer muss vor der Ausführung von wichtigen Angelegenheiten diese mit dem Betreuten besprechen, damit dessen Wünsche berücksichtigt werden können. Wichtige Angelegenheiten sind unter anderem Wohnungs-, Post-, Unterbringungs-und Gesundheitsangelegenheiten. Desweiteren sind alle Aufgaben, die eine relevante Bedeutung für die Lebenswelt des Betreuten haben zu besprechen. (vgl. Zimmer, 2009, S. 74)

Die Rehabilitationspflicht nach § 1091 Abs.4, S.1 BGB:

Der Betreuer ist dazu verpflichtet die vorhandenen Möglichkeiten des Betreuten zu nutzen, um dessen Krankheit oder Behinderung zu beseitigen, zu bessern, oder die Verschlimmerung zu verhüten. Innerhalb seines Aufgabenkreises muss der Betreuer dieser Pflicht nachgehen. (vgl. Zimmer, 2009, S. 73 f).

Die Mitteilungspflicht nach § 1901 Abs. 5 BGB:

Der Betreuer ist dazu angehalten dem Betreuungsgericht mitzuteilen, falls ihm Gegebenheiten auffallen, dass der bisherige Aufgabenkreis der Betreuung erweitert oder eingeschränkt werden muss, die Aufhebung der Betreuung sinnvoll erscheint oder das bestellen eines weiteren Betreuers dringend erforderlich ist. Besondere Bedeutung hat die Mitteilungspflicht in der Betreuung von demenzkranken Personen. Angesichts des nicht vorhersehbaren Krankheitsverlaufes, der sich oftmals in Schüben vollzieht, sind Änderungen in Betreuungsangelegenheiten häufig notwendig. Anhand der Mitteilungspflicht ist es dem Gericht möglich die Betreuung entsprechend der Erforderlichkeit anzupassen. (vgl. Zimmer, 2009, S. 75)

4.3 Gesetzliche Betreuung und die Vorsorgevollmacht

Im Weiteren sollen die Vor- und Nachteile, die sich aus einer Vorsorgevollmacht gegenüber der gesetzlichen Betreuung ergeben, erläutert werden. Eine ausführliche Information zu diesem Themengebiet hilft Angehörigen, wie auch Betroffenen besser zu entscheiden, welche Form der Interessenvertretung für diese persönlich besser geeignet ist. Die Anordnung einer Betreuung nach § 1896 Abs.2 BGB erübrigt sich, wenn die an Demenz erkrankte Person noch fähig und bereit ist, jemanden mit der Ausführung der betreffenden Angelegenheit zu beauftragen oder wenn bereits eine Vorsorgevollmacht errichtet wurde. Ein Bevollmächtigter arbeitet gewöhnlich unentgeltlich. Der gerichtlich eingesetzte Berufsbetreuer erhält hingegen eine Betreuervergütung. Desweiteren werden bei der Betreuung, bei vorhandenem Vermögen, Gerichtskosten verlangt. Die Handlungen eines Betreuers sind nach §§ 1903 ff BGB, oftmals von der Genehmigung des Betreuungsgerichtes abhängig, wie beispielsweise bei ärztlichen Eingriffen, bei Aufgaben der Mietwohnung, der Ausstattung aus dem Vermögen des Betreuten und der Unterbringung. Die Handlungen eines Bevollmächtigten hingegen, erfordern laut § 1904 Abs.2 BGB und § 1906 Abs.5 BGB, nur in Ausnahmen z.B. bei ärztlichen Eingriffen und bei der Unterbringung eine gerichtliche Genehmigung. Die Wahl eines Betreuers wird durch das Betreuungsgericht getroffen. Der zu Betreuende verfügt lediglich über das Vorschlagsrecht. Im Gegensatz dazu kann der zu Betreuende einen Bevollmächtigten nach eigenem Wunsch wählen und einsetzen. Der Vorteil eines gerichtlich festgelegten Betreuers liegt hierin, dass das Betreuungsgericht als Kontrollorgan agiert. Im Einzelnen bedeutet dies, dass bei etwaiger mangelnder Amtsführung das Gericht, gemäß § 1837 BGB, Weisungen erteilt oder aber in schwerwiegenden Fehlhandlungen den Betreuer entlässt, gemäß § 1908 b BGB. Der Bevollmächtigte dagegen wird nicht vom Betreuungsgericht kontrolliert und somit ist hier ein größeres Missbrauchsrisiko gegeben. Jedoch kann ein zweiter

Bevollmächtigter, bzw. ein Kontrollbetreuer, nach § 1896 Abs. 3 BGB, eingesetzt werden. Demzufolge besteht auch hier die Möglichkeit der Einschränkung der Handlungsfähigkeit. Erweist sich der Betreuer als ungeeignet und würde sich an dessen Stelle eine besser geeignete Person finden, so ist ein Wechsel des Betreuers nur unter besonderen Voraussetzungen, die im § 1908 BGB geregelt sind, möglich. Im Unterschied dazu muss die Vorsorgevollmacht ausschließlich durch den geschäftsfähigen Volljährigen oder den Kontrollbetreuer widerrufen werden. Die schärfste Maßnahme der Betreuung ist der Einwilligungsvorbehalt, der in § 1903 BGB festgelegt ist. Dieser bedeutet, dass der Betreuer sämtliche Willenserklärungen des zu Betreuenden einwilligen muss, damit diese Gültigkeit erlangen. Insofern eine Vorsorgevollmacht vorliegt, existiert die Möglichkeit eines Einwilligungsvorbehaltes nicht, es sei denn der Betreuende würde folgenschwere Schäden anrichten. Infolge dessen wird nur im Bedarfsfall eine Betreuung, und somit der Einwilligungsvorbehalt, unumgänglich. (vgl. Zimmer, 2009, S.54f). Im Anhang findet sich ein Muster einer Vorsorgevollmacht und einer Betreuungsverfügung.

5. Angehörigenarbeit

Vor allem Angehörige, die in einer pflegenden oder sehr engen Beziehung zum Demenzkranken stehen, sind häufig hohen Belastungen ausgesetzt. Beispielsweise sind diese durch permanente Betreuung und Beaufsichtigung stark in ihrer freien Zeit begrenzt und finden kaum Raum für Rückzug und Erholung. Desweiteren spüren viele Angehörige starke Schuld- und Verpflichtungsgefühle gegenüber dem Kranken, welche teilweise von einer bewussten oder unbewussten Ablehnung der Betreuung begleitet werden.(vgl. Schwarz, 2009, S.129) Gleichermaßen kann eine rasche Persönlichkeitsänderung des Erkrankten, wie sie teilweise im Verlauf der Krankheit vorkommt, sehr schwer zu ertragen zu sein. Ein Beispiel hierfür wäre wenn jemand stets still und sanft war, im Laufe der Demenz sehr aufbrausend und aggressiv wird. (vgl. Engel, 2006,S.54) Daher stellt der Umgang mit Demenzkranken nicht selten eine Herausforderung dar und ruft große Hilflosigkeit hervor. Gleichzeitig ist es möglich, dass durch diese Hilflosigkeit problematisches Verhalten bei Demenzkranken verstärkt auftritt. In diesem Zusammenhang wird das Verhalten der Person, die sich über längere Zeit sozial unangepasst verhält, von Angehörigen oder Pflegenden oftmals als störend, widersetzend und hoch belastend wahrgenommen. (vgl. Eben und Werner, 2010, S.115)

Damit niemand die schweren Aufgaben der Pflege und Betreuung auf Dauer alleine erfüllen muss und gelegentliche Hilfe und Entlastung bei aktuellen Problemen findet, existieren einige soziale Unterstützungsmöglichkeiten speziell für Angehörige, die in den folgenden Punkten ausführlich beschrieben werden.

5.1 Herausforderndes Verhalten

Belastendes Verhalten von Demenzkranken wird bewusst als „herausforderndes Verhalten" bezeichnet. Dieser Begriff ist nicht negativ besetzt, vielmehr sagt dieser aus, dass demenzkranke Menschen ihre Mitmenschen herausfordern, damit diese auf ihre Bedürfnisse aufmerksam werden und fähig sind, auf diese einzugehen. Herausforderndes Verhalten eignen sich viele Demenzkranke an, da sie in keiner anderen Weise sich adäquat verbal mitteilen können. (vgl. Maciejewski et al., 2001, S.10) Neben vielen therapeutischen Ansätzen, die speziell für Demenzkranke entwickelt wurden, wie z.B. Milieutherapie , die verstehende Diagnostik usw., hat sich vor allem auch die Validation als eine sehr bewährte Hilfestellung zum Umgang mit herausforderndem Verhalten bewährt. (vgl. Werner und Eben, 2010, S. 43+ 118)

5.1.1 Validation als Möglichkeit zum Umgang mit herausforderndem Verhalten

Validation ist eine besondere Kommunikationstechnik, welche sich im Umgang mit Demenzkranken etabliert hat. Die amerikanische Sozialarbeiterin Naomi Feil entwickelte das Konzept der Validation, mit dem Ziel einen Weg der Kommunikation zur Innenwelt von Demenzkranken zu erhalten. (vgl. Werner und Eben, 2010, S. 43) In Deutschland wurde der Ansatz von Nicole Richard unter dem Begriff der integrativen Validation weiterentwickelt. (vgl. Schwarz, 2009, S.71) Beide Verständnisse der Validation setzen eine wertschätzende Grundhaltung der Betreuungskraft gegenüber dem Demenzkranken voraus, sowie die Fähigkeit sich in die Realität des Gegenübers hineinzuversetzen und diese zu akzeptieren. Naomi Feil ist davon überzeugt, dass hinter zunächst unverständlichen Lebensäußerungen oder nicht nachvollziehbaren Handlungen, wahrscheinlich die unbewusste Absicht steht, alte unerledigte Aufgaben zu erfüllen, um einen inneren Frieden zu erlangen. Diese Rückkehr in die Vergangenheit wird als Selbst-therapeutischer Zweck, nämlich rückwirkend Heilung zu erzielen, verstanden. (vgl. Engels, 2006, S.123 f.) Bei dieser Aufarbeitung sollen Demenzkranke unterstützt werden. Aus diesem Grund sind validierende Angehörige dazu angehalten sich nicht an der eigenen Gegenwart und Realität zu orientieren, sondern in einer wertschätzenden Kommunikation sich an den Gefühlen, Erlebniswelten und Realitäten der Demenzkranken zu orientieren, diese anzunehmen und zu akzeptieren.(vgl. Werner/Eben, 2010, S.43) Naomi Feil strebt durch ihr Validationsverständnis die Wiederherstellung und Stärkung des Selbstwertgefühls, den Abbau von Stress, die Verbesserung der verbalen und nonverbalen Kommunikation und die Steigerung des Wohlbefindens von Demenzkranken an. Ein weiteres wichtiges Ziel stellt die Vermeidung von Zuständen der Vegetation dar. Für Naomi Feil ist das grundlegendste Ziel der Validation, die Aufarbeitung von unerledigten Aufgaben oder nicht ausgetragenen Konflikten. Sie ist der Auffassung, dass Demenzkranke nicht zu einer inneren Lösung gelangen können, sofern diesen nicht die Möglichkeit der Aufarbeitung gegeben wird. Nach ihrem Verständnis verstärken sich in solchen Fällen Verwirrung, Desorientierung und Störungen, denn Aufarbeitungsversuche, die misslingen, sind quälend und schmerzlich. (vgl. Engels, 2006, S.123 f.)Um die genannten Ziele zu erreichen, werden verschiedene Verhaltensweisen und Validationstechniken angewandt.

Zu Beginn der Validation zentriert sich die Validierende auf ihre eigenen Gefühle und erkennt diese. Anschließend stellt sie diese in den Hintergrund und nimmt eine vollkommen neutrale Haltung ein. Die Validierende öffnet sich somit vollständig für die Gefühle des desorientierten Menschen und zentriert sich auf diesen. Fragen werden ruhig und eindeutig, ohne jegliche Wertung gestellt. Warum- Fragen werden grundsätzlich vermieden. (vgl. Werner/Eben, 2010, S.45) Diese vermitteln dem Kranken den Eindruck, dass z.B. Gefühle nur anerkannt werden, wenn diese begründet sind. Oftmals sind Demenzkranke allerdings nicht fähig Gründe für ihr Verhalten zu geben. Die Frage nach dem Grund, vermittelt einerseits dem Kranken, dass man seine Gefühle nicht nachvollziehen kann. Andererseits wird der Demenzkranke dadurch auf seine Unzulänglichkeit hingewiesen, da eine Begründung für die vorhandenen Gefühle nicht gegeben werden kann. Somit wird die Position des Demenzkranken geschwächt. Hingegen wirkt mehrmalige Wiederholung und Zusammenfassung von bestimmten Aussagen hilfreich und tröstlich. Die Technik des Wiederholens von Aussagen mit denselben Schlüsselwörtern ermöglicht die Herstellung einer Vertrauensbasis. Die Betroffenen fühlen sich gehört und verstanden. Als weitere Methode der Validation, um emotionale Gründe von bestimmten Äußerungen des Kranken zu erfahren, hat sich das Erinnern an frühere Gegebenheiten bewährt. Beispielswiese würde man eine Person, die große Ängste beim Alleine sein zeigt, danach fragen, ob diese sich an Situationen von früher erinnert, in denen sie auch große Angst hatte und was der Person damals geholfen hat die Ängste zu überwinden. Auf diese Weise kann möglicherweise eine Verbindung zu früheren Ereignissen und erfolgreichen Bewältigungsstrategien hergestellt werden. Zudem haben sich in der Validation mit Demenzkranken, das Sprechen mit einer klaren und sanften Stimme, Augenkontakt und leichte Berührungen, etabliert. Diese beschriebenen Methoden und Techniken der Validation ermöglichen ein tiefes Verständnis für den Demenzkranken und schaffen somit einen vertrauensvollen und erfolgreichen Austausch. (vgl. Engels, 2006, S.125 ff.) Nicole Richards entwickelt seit einigen Jahren den Ansatz der Validation unter dem Namen „integrative Validation" weiter. Bei der integrativen Validation werden vorhandene Ressourcen der Hirnleistungen von Demenzkranken genutzt. Diese werden gezielt eingesetzt, um die betroffenen Patienten in ihren Gefühlen und Antrieben ernst zu nehmen. Die Grundlage der integrativen Validation bilden Wertschätzung, Akzeptanz und Bestätigung, sowie die Annahme, dass hinter jedem Verhalten eine Bedeutung steht. Daraus erschließt sich das Vorgehen und die Handlungsschritte für die integrative Validation. Gefühle und Antriebe, die hinter Äußerungen stehen, werden erkannt und in kurzen Sätzen benannt. Anschließend werden sie nochmalig in Liedern, Sprichwörtern usw. paraphrasiert. Die betroffenen Menschen werden demnach in ihren Äußerungen nicht korrigiert oder auf die momentane Realität aufmerksam gemacht. Bei diesem Validationsansatz wird die Lebensgeschichte der Betroffenen in die Kommunikation mit einbezogen. Anhand einer ganzheitlichen Wahrnehmung möchte dieser Ansatz einen Zugang zur Erlebniswelt des Betroffenen bekommen, um dadurch eine möglichst hohe Lebensqualität für diesen zu erhalten. Das Sprachvermögen muss allerdings beim Demenzkranken noch erhalten sein, damit die integrative Validation erfolgreich umgesetzt werden kann. (vgl. Werner/Eben, 2010, S.46 f.)Validation schafft die Möglichkeit, dass Validierende ein tieferes Verständnis zu der Lebenswelt der Betroffenen entwickeln können. Somit erleichtert dies den Umgang mit herausforderndem Verhalten und ermöglicht Validierenden einen Zugang zu ihren Betreuenden zu finden.

5.2 Spezielle Hilfsangebote für Angehörige

Eine Vielzahl von speziellen Hilfsangeboten für pflegende und betreuende Angehörige, bieten Entlastung und Unterstützung der alltäglichen Lebensbewältigung. In Angehörigengruppen werden beispielsweise Informationen über den Krankheitsverlauf vermittelt und gleichzeitig gemeinsam mit den Angehörigen nach Lösungen für vorhandene praktische Probleme in der Pflege gesucht. Desweiteren profitieren die Teilnehmer vom gegenseitigen Austausch. Angehörigen wird hier die Möglichkeit gegeben sich über jegliche Gefühle, wie Ärger, Trauer oder Wut, in einer verständnisvollen und anteilnehmenden Atmosphäre auszutauschen. Einige Teilnehmer finden hierin große psychische Entlastung. Ein weiteres Unterstützungsangebot sind die ambulanten Pflegedienste. Der ambulante Pflegedienst übernimmt die Grundpflege und die hauswirtschaftliche Versorgung. Ebenso können diese Dienste auch für Beschäftigung und Beaufsichtigung in Anspruch genommen werden. Erhebliche Entlastung können Angehörige auch durch Betreuungsgruppen enthalten. Diese werden von einigen regionalen Alzheimer Gesellschaften angeboten. Mehrere Demenzkranke werden gemeinsam in Gruppen durch geschulte Ehrenamtliche und ausgebildete Fachkräfte, ein bis zwei Mal pro Woche für mehrere Stunden, betreut. (vgl. Kurz, 2013, S.30) Ein weiteres Angebot sind Einzelbetreuungen für mehrere Stunden. In vielen Alzheimer Gesellschaften und sonstigen Institutionen existieren sogenannte Helferinnenkreise. Geschulte ehrenamtliche Mitarbeiterinnen übernehmen stundenweise die Betreuung eines Demenzkranken. Die Betreuung kann sich je na Wunsch unterschiedlich gestalten, z.B. ein Spaziergang oder ein Besuch in einem Café. (vgl. Kurz, 2013, S.30) Zudem ermöglichen Tagespflegeeinrichtungen betreuenden Angehörigen, dass diese z.B. ihrer eigenen Berufstätigkeit weiterhin nachkommen können. Tagsüber wird die Betreuung der Demenzkranken gewährleistet. Normalerweise beinhaltet diese Betreuung unter anderem Beschäftigung, körperliche Aktivierung und Förderung der sozialen Kontaktfähigkeit. Abends und an den Wocheneden findet keine Betreuung statt. Äußere Faktoren, sowie das Fortschreiten des Krankheitsverlaufes führen nicht selten dazu, dass Angehörige trotz zusätzlicher Hilfen nicht mehr in der Lage sind, die Betreuung und Pflege des Erkrankten im häuslichen Umfeld zu leisten. Für diesen Fall bietet sich als Lösung eine Wohngemeinschaft für Demenzkranke oder ein Pflegeheim an. (vgl. Kurz, 2013, S.31). Für viele Angehörige ist diese Entscheidung sehr schwer umzusetzen. Nicht selten begleiten Angehörige Schuldgefühle gegenüber den nahestehenden Erkrankten. Daher ist die Begleitung bei diesem Schritt sehr wichtig. Begleitung können Angehörige hierbei in sogenannten Beratungsstellen für Angehörige erhalten. Diese bieten Hilfestellung bei der Suche und Vermittlung einer geeigneten Unterbringung und können auch an weitere Institutionen und Gruppen für die emotionale Verarbeitung verweisen. Beratungsstellen bieten außerdem Hilfe und Unterstützung rund um die Betreuung und Pflege. Unter anderem können Angehörige hier Unterstützung und ausführliche Informationen bei der Beantragung von zustehenden Leistungen, wie der Pflegeversicherung, Sozialhilfe und dem Schwerbehindertenausweis erhalten. (vgl. Kurz, 2013, S.33) Sogenannte Pflegestützpunkte beraten zudem insbesondere zum Thema der allgemeinen Pflege und der Pflegeversicherung. Eine Liste mit einigen Adressen von Beratungsstellen für Angehörige und Demenzkranke in Berlin- Brandenburg ist dem Anhang zu entnehmen. Desweiteren ist im Anhang die Internetadresse der Pflegestützpunkte Berlins zu finden.

6. Fazit

Angehörige von Demenzkranken sind aufgrund der Betreuung oder Pflege, oftmals in ihrer Zeit so begrenzt, dass es für diese eine zusätzliche Belastung darstellt sich selbst über mögliche Unterstützungsleistungen und Vorsorgemaßnahmen zu informieren. Zusätzlich erschweren Unwissenheit über die Krankheit und deren Verlauf die Betreuung und den Umgang mit dem Erkrankten. Zunächst einmal müssen Angehörige und auch Erkrankte selbst über die Krankheit und deren Verlauf, und über die möglichen Leistungen und Unterstützungsangebote aufgeklärt werden. Teilweise stellt dies eine große Herausforderung dar. In einem großen Netzwerk von Unterstützungsleistungen und sozialen Hilfsangeboten kann es jedem einzelnen zunächst einmal schwer fallen sich zurecht zu finden. Daher ist die Begleitung und Unterstützung von Angehörigen enorm wichtig. Case Management kann hier einen wesentlichen Teil dazu beitragen. Der Case Manager informiert über zustehende Leistungen und bietet Hilfestellung bei der Beantragung. Desweiteren vermittelt dieser zu bestehenden örtlichen oder nahen Entlastungsangeboten. Case Management unterstützt Angehörige und Betroffene sich in einem großen Unterstützungsnetzwerk orientieren zu können. Die Alzheimer Gesellschaften und andere Institutionen, die sich speziell um Demenzkranke und deren Angehörige kümmern, besitzen bereits ein breites und vielfältiges Angebot. Dieses Angebot umfasst neben ausführlichen Beratungen über die rechtlichen Aspekte, wie Betreuungsgesetz, Vorsorgevollmacht, Patientenverfügung auch die ausführliche Beratung und Schulung zum Umgang mit Demenzkranken. So werden z.B. Schulungsreihen und Validationsworkshops speziell für Angehörige angeboten. Selbst Hausbesuche werden für Personen angeboten, die nicht in der Lage sind, z.B. eine Beratung aufzusuchen. Beratungstelefone, wie z.B. das Alzheimertelefon der Deutschen Alzheimer Gesellschaft bietet ebenfalls die Möglichkeit Hilfe zu bekommen. (vgl. Deutsche Alzheimer Gesellschaft e.V., März 2013) Abgesehen vom Case Management und der Beratungsarbeit, sind natürlich die weiteren Hilfen wie Angehörigengruppen, Helferinnenkreise, Tagesbetreuung etc. in gleicher Weise wichtig und notwendig für die Angehörigen. Diese Hilfeleistungen ermöglichen, dass Angehörige sich ein wenig Freiraum verschaffen können und sich zu bestimmten Zeiten um ihre persönlichen Belange kümmern können. Desweiteren ermöglichen bestimmte Verhaltenstechniken für den Umgang mit herausforderndem Verhalten große Erleichterung in der alltäglichen Betreuung. Validation ermöglicht einerseits einen würdevollen Umgang mit den Demenzkranken, andererseits ermöglicht es Angehörigen für diese Verständnis zu entwickeln und in deren Realität einzutauchen. So wird Kommunikation wieder auf eine ganz andere Weise mit dem Erkrankten möglich. Wird Validation z.B. in einer Familie einheitlich praktiziert, bietet dies auch Entlastung im alltäglichen Familienalltag. Beispielsweise haben Eltern, wie Kinder ein einheitliches Verständnis zum Umgang mit ihrer erkrankten Großmutter. Sei dahingestellt ob es den alltäglichen Umgang zu Hause erleichtert oder die mehrmaligen Besuche z.B. im Pflegeheim. Abschließend ziehe ich das Fazit, dass Angehörigenarbeit in all ihren unterschiedlichen Facetten ausschlaggebend für das Wohlergehen für die Angehörigen ist und diese nur dadurch längerfristig in der Lage sind die Betreuung zu gewährleisten. Wissen Angehörige, wo sie Hilfe bekommen und Entlastung finden, haben diese mehr Kraft für die Betreuung oder die Besuche ihrer Angehörigen. Ebenso ist die Möglichkeit gegeben, dass sich Angehörige mit neuen Situationen besser arrangieren und ihren Angehörigen Verständnis entgegen bringen können. Durch diesen großen Arbeitszweig profitieren zwei Personengruppen. Angehörige werden unterstützt, entlastet und gewinnen Sicherheit. Demenzkranken wird ein würdevolles Leben in Respekt und Achtung ermöglicht. Neben dem vielfachen und umfangreichen Angebot der Unterstützungsleistungen, sehe ich persönlich allerdings noch die Gefahr darin, dass viele Angehörige zu spät Hilfe erhalten. So teilte mir eine nahestehende Verwandte, die ihre demenzkranke Mutter bei sich zu Hause pflegte mit: „Als meine Mutter starb, wusste ich endlich alles, was ich zu Beginn der Krankheit hätte wissen sollen." Dies zeigt noch einmal deutlich wie wichtig ausführliche Aufklärung und Beratung gleich zu Beginn einer Pflege- und Betreuungssituation sind. Dahingehend sollten Ärzte gleich zu Beginn einer Diagnose von Demenz in der Pflicht stehen an entsprechende Organisationen und Institutionen zu überweise

Literaturverzeichnis

Dirksen,W./ Matip, E.-M./ Schulz, C. (1999): Bundesarbeitsgemeinschaft Alten- und Angehörigenberatung e.v. Berlin (Hrsg.). Wege aus dem Labyrinth der Demenz. Projekte zur Beratung und Unterstützung von Familien mit Demenzkranken. Ein Praxishandbuch für Profis. Münster, Druckwerkstatt Hafen GmbH.

Engel, Dr. S. (2006): Alzheimer und Demenzen. Unterstützung für Angehörige. Stuttgart, TRIAS in Medizinverlage.

Ewers, M. (2000): Das anglo-amerikanische Case Management: konzeptionelle und methodische Grundlagen. In: Ewers, M./Schaeffer, D.(Hrsg.).Case Management in Theorie und Praxis. Bern: Verlag Hans Huber.

Jurgeleit, Andreas (Hrsg.) (2006): Betreuungsrecht. Handkommentar, Baden-Baden: Nomos.

Jürgens, Andreas (Hrsg.) (2005): Betreuungsrecht. Kommentar zum materiellen Betreuungsrecht, zum Verfahrensrecht und zum Vormünder- und Betreuervergütungsgesetz. 3. Aufl. München: Beck.

Kuhlmann, A. (2005): Case Management für demenzkranke Menschen. Eine Betrachtung der gegenwärtigen praktischen Umsetzung. Münster, LIT Verlag.

Kurz, Dr. A. (2013): Das Wichtigste über die Alzheimer Krankheit und andere Demenzformen. Ein kompakter Ratgeber. Berlin. Deutsche Alzheimer Gesellschaft e.V.

Maciejewski, B./ Sowinski, C./ Besselmann, K./ Rückert, W.(2001): Qualitätshandbuch Leben mit Demenz. Zugänge finden und erhalten in der Förderung, Pflege und Begleitung von Menschen mit Demenz und psychischen Veränderungen. Kuratorium Deutsche Altershilfe. Köln.

Neuffer, M. (2002): Case Management. Soziale Arbeit mit Einzelnen und Familien, Weinheim & München.

Schwarz, G. (2009): Basiswissen: Umgang mit demenzkranken Menschen. Bonn. Psychiatrie- Verlag GmbH.

Seichter, Jürgen (2005): Einführung in das Betreuungsrecht. Ein Leitfaden für Praktiker des Betreuungsrechts, Heilberufe und Angehörige von Betreuten. 3. aktualisierte und erweiterte Ausgabe. Berlin & Heidelberg.

Sifton, C.B. (2004). Das Demenzbuch. Ein „Wegbegleiter" für Angehörige, Pflegende und Aktivierungstherapeuten. Huber, Bern.

Steurenthaler, J. (2013): Dementagogik. Dementiell erkrankten Menschen neu und ganzheitlich begegnen. Wiesbaden, Springer Verlag.

Werner S./ Eben, Dr. E. (2010): Menschen mit Demenz professionell betreuen. Sichere und kompetente Begleitung. Landsberg am Lech. Mensch und Medien GmbH.

Zimmer, M. (2009): Ratgeber Demenzerkrankungen. Rechts-und Praxistipps für Angehörige und Betreuer. München, Deutscher Taschenbuchverlag.

Internetquellen:

Bundesministerium der Justiz: Eine Broschüre über die Grundzüge des Betreuungsrechts und Informationen zur Vorsorgevollmacht. Stand, 01.09.2013. http://www.bmj.de/SharedDocs/Downloads/DE/Broschueren/DE/Das_Betreuungsrecht. pdf?__blob=publicationFile (letztmalig am 27.01.2014 aufgerufen)

Bundesministerium für Gesundheit. Artikel: Demenz. Eine Herausforderung für die Gesellschaft. Stand, 10.12.2013. http://www.bmg.bund.de/pflege/demenz/demenz-eine-herausforderung-fuer-die-gesellschaft.html (letztmalig am 27.01.2014 aufgerufen)

Deutschen Institut für Medizinische Dokumentation und Information (DIMDI) ICD-10-GM Version 2013. Systematisches Verzeichnis. Internationale statistische Klassifikation der Krankheiten und verwandter Gesundheitsprobleme. http://www.icd-code.de/suche/icd/code/F03.html?sp=SDemenz (letztmalig am 27.01.2014 aufgerufen)

Anhang

1. Muster Vorsorgevollmacht (Bundesministerium der Justiz)
2. Muster Betreuungsverfügung (Bundesministerium der Justiz)
3. Hilfreiche Adressen für Demenzkranke und Angehörige in Berlin
4. Hilfreiche Internetlinks für Demenzkranke und Angehörige
5. Leitbild der Deutschen Alzheimer Gesellschaft
6. Flyer vom Alzheimer Telefon
7. Flyer PflegestützpunkteBerlin

VOLLMACHT

Ich,

_____ (Vollmachtgeber/in)
Name, Vorname

_____   _____
Geburtsdatum   Geburtsort

_____
Adresse

_____
Telefon, Telefax, E-Mail

erteile hiermit Vollmacht an

_____ (bevollmächtigte Person)
Name, Vorname

_____   _____
Geburtsdatum   Geburtsort

_____
Adresse

_____
Telefon, Telefax, E-Mail

Diese Vertrauensperson wird hiermit bevollmächtigt, mich in allen Angelegenheiten zu vertreten, die ich im Folgenden angekreuzt oder angegeben habe. Durch diese Vollmachtserteilung soll eine vom Gericht angeordnete Betreuung vermieden werden. Die Vollmacht bleibt daher in Kraft, wenn ich nach ihrer Errichtung geschäftsunfähig geworden sein sollte.

Die Vollmacht ist nur wirksam, solange die bevollmächtigte Person die Vollmachtsurkunde besitzt und bei Vornahme eines Rechtsgeschäfts die Urkunde im Original vorlegen kann.

Fortsetzung Seite 2

1. Gesundheitssorge/Pflegebedürftigkeit

■ Sie darf in allen Angelegenheiten der Gesundheitssorge entscheiden, ebenso über alle Einzelheiten einer ambulanten oder (teil-)stationären Pflege. Sie ist befugt, meinen in einer Patientenverfügung festgelegten Willen durchzusetzen.   ○ JA   ○ NEIN

■ Sie darf insbesondere in sämtliche Maßnahmen zur Untersuchung des Gesundheitszustandes und zur Durchführung einer Heilbehandlung einwilligen, diese ablehnen oder die Einwilligung in diese Maßnahmen widerrufen, auch wenn mit der Vornahme, dem Unterlassen oder dem Abbruch dieser Maßnahmen die Gefahr besteht, dass ich sterbe oder einen schweren oder länger dauernden gesundheitlichen Schaden erleide (§ 1904 Absatz 1 und 2 BGB).   ○ JA   ○ NEIN

■ Sie darf Krankenunterlagen einsehen und deren Herausgabe an Dritte bewilligen. Ich entbinde alle mich behandelnden Ärzte und nichtärztliches Personal gegenüber meiner bevollmächtigten Vertrauensperson von der Schweigepflicht.   ○ JA   ○ NEIN

■ Sie darf über meine Unterbringung mit freiheitsentziehender Wirkung (§ 1906 Absatz 1 BGB), über ärztliche Zwangsmaßnahmen im Rahmen der Unterbringung (§1906 Absatz 3 BGB) und über freiheitsentziehende Maßnahmen (z. B. Bettgitter, Medikamente u. Ä.) in einem Heim oder in einer sonstigen Einrichtung (§ 1906 Absatz 4 BGB) entscheiden, solange dergleichen zu meinem Wohle erforderlich ist.   ○ JA   ○ NEIN

■ _____

■ _____

■ _____

2. Aufenthalt und Wohnungsangelegenheiten

■ Sie darf meinen Aufenthalt bestimmen, Rechte und Pflichten aus dem Mietvertrag über meine Wohnung einschließlich einer Kündigung wahrnehmen sowie meinen Haushalt auflösen.   ○ JA   ○ NEIN

■ Sie darf einen neuen Wohnungsmietvertrag abschließen und kündigen.   ○ JA   ○ NEIN

■ Sie darf einen Vertrag nach dem Wohn- und Betreuungsvertragsgesetz (Vertrag über die Überlassung von Wohnraum mit Pflege- oder Betreuungsleistungen; ehemals: Heimvertrag) abschließen und kündigen.   ○ JA   ○ NEIN

■ _____

3. Behörden

■ Sie darf mich bei Behörden, Versicherungen, Renten- und Sozialleistungsträgern vertreten.   ○ JA   ○ NEIN

■ _____

Fortsetzung Seite 3

4. Vermögenssorge

■ Sie darf mein Vermögen verwalten und hierbei alle Rechtshandlungen und
Rechtsgeschäfte im In- und Ausland vornehmen, Erklärungen aller Art abgeben und
entgegennehmen sowie Anträge stellen, abändern, zurücknehmen,   ○ JA   ○ NEIN
namentlich

■ über Vermögensgegenstände jeder Art verfügen **(bitte beachten Sie hierzu auch**   ○ JA   ○ NEIN
den nachfolgenden Hinweis 1)

■ Zahlungen und Wertgegenstände annehmen   ○ JA   ○ NEIN

■ Verbindlichkeiten eingehen **(bitte beachten Sie hierzu auch den nachfolgenden Hinweis 1)**   ○ JA   ○ NEIN

■ Willenserklärungen bezüglich meiner Konten, Depots und Safes abgeben. Sie darf
mich im Geschäftsverkehr mit Kreditinstituten vertreten **(bitte beachten Sie hierzu**
auch den nachfolgenden Hinweis 2)   ○ JA   ○ NEIN

■ Schenkungen in dem Rahmen vornehmen, der einem Betreuer rechtlich gestattet ist.   ○ JA   ○ NEIN

■ _____

■ Folgende Geschäfte soll sie **nicht** wahrnehmen können:

■ _____

■ _____

Hinweis:

1. Denken Sie an die erforderliche Form der Vollmacht bei Immobiliengeschäften, für Handelsgewerbe oder die Aufnahme eines Verbraucherdarlehens (vgl. S. 31/32 der Broschüre „Betreuungsrecht").
2. Für die Vermögenssorge in Bankangelegenheiten sollten Sie auf die von Ihrer Bank/Sparkasse angebotene Konto-/Depotvollmacht zurückgreifen. Diese Vollmacht berechtigt den Bevollmächtigten zur Vornahme aller Geschäfte, die mit der Konto- und Depotführung in unmittelbarem Zusammenhang stehen. Es werden ihm keine Befugnisse eingeräumt, die für den normalen Geschäftsverkehr unnötig sind, wie z. B. der Abschluss von Finanztermingeschäften. Die Konto-/Depotvollmacht sollten Sie **grundsätzlich** in Ihrer Bank oder Sparkasse unterzeichnen; etwaige spätere Zweifel an der Wirksamkeit der Vollmachterteilung können hierdurch ausgeräumt werden. Können Sie Ihre Bank/Sparkasse nicht aufsuchen, wird sich im Gespräch mit Ihrer Bank/Sparkasse sicher eine Lösung finden.

5. Post und Fernmeldeverkehr

■ Sie darf die für mich bestimmte Post entgegennehmen und öffnen sowie über den
Fernmeldeverkehr entscheiden. Sie darf alle hiermit zusammenhängenden Willenserklärungen (z. B. Vertragsabschlüsse, Kündigungen) abgeben.   ○ JA   ○ NEIN

6. Vertretung vor Gericht

■ Sie darf mich gegenüber Gerichten vertreten sowie Prozesshandlungen aller Art vornehmen.   ○ JA   ○ NEIN

Fortsetzung Seite 4

7. Untervollmacht

■ Sie darf Untervollmacht erteilen. ○ JA ○ NEIN

8. Betreuungsverfügung

■ Falls trotz dieser Vollmacht eine gesetzliche Vertretung („rechtliche Betreuung")
erforderlich sein sollte, bitte ich, die oben bezeichnete Vertrauensperson als Betreuer
zu bestellen. ○ JA ○ NEIN

9. Geltung über den Tod hinaus
■ Die Vollmacht gilt über den Tod hinaus. ○ JA ○ NEIN

10. Weitere Regelungen

■ _____

_____

_____

_____

_____

_____

_____

_____

....
Ort, Datum Unterschrift der Vollmachtnehmerin/des Vollmachtnehmers

....
Ort, Datum Unterschrift der Vollmachtgeberin/des Vollmachtgebers

Muster Vollmacht – Bundesjustizministerium der Justiz

www. bmj. de / SharedDocs/Downloads/DE/Broeschueren/Anlagen/Vorsorgevollmacht-
Formular. pdf ? _ blob = publicationFile

letzte Seite

BETREUUNGSVERFÜGUNG

Ich,

Name, Vorname

Geburtsdatum   Geburtsort

Adresse

Telefon, Telefax, E-Mail

lege hiermit für den Fall, dass ich infolge Krankheit oder Behinderung meine Angelegenheiten ganz oder teilweise
nicht mehr selbst besorgen kann und deshalb ein Betreuer für mich bestellt werden muss, Folgendes fest:

■ Zu meinem Betreuer/meiner Betreuerin soll bestellt werden:

Name, Vorname

Geburtsdatum   Geburtsort

Adresse

Telefon, Telefax, E-Mail

■ Falls die vorstehende Person nicht zum Betreuer oder zur Betreuerin
bestellt werden kann, soll folgende Person bestellt werden:

Name, Vorname

Geburtsdatum   Geburtsort

Adresse

Telefon, Telefax, E-Mail

■ Auf keinen Fall soll zum Betreuer/zur Betreuerin bestellt werden:

Name, Vorname

Geburtsdatum   Geburtsort

Adresse

Telefon, Telefax, E-Mail

■ Zur Wahrnehmung meiner Angelegenheiten durch den Betreuer/
die Betreuerin habe ich folgende Wünsche:

1. _____   3. _____

2. _____   4. _____

Ort, Datum   Unterschrift

www. bmje / StaredDocs/Downloads/DE/Broschueren/anbgen/Betreuungsverfigung_Formular.pdf?
_blob = publication file

Hilfreiche Adressen für Betroffene und Angehörige in Berlin:

Deutsche Alzheimer Gesellschaft e.V.

Friedrichstr.236

10969 Berlin

Tel: 030- 2593795-0

info@deutsche-alzheimer.de

http://www.deutsche-alzheimer.de

Alzheimer Angehörigen-Initiative e.V.

Reinickendorfer Str.61 (Haus 1)

13347 Berlin

030 473 78 995

E-Mail: AA@AlzheimerForum.de

http://www.Alzheimer-Organisation.de

Hilfreiche Internetseiten für Demenzkranke und deren Angehörige

www.deutsche-alzheimer.de(Deutsche Alzheimer Gesellschaft)

www.Alzheimer-Organisation.de (Alzheimer Angehörigen-Initiative e.V.)

www.altern-in-wuerde.de (Deutsches Grünen Kreuz)

www.zukunftsforum-demenz.de

www.alzheimerinfo.de (Merz Pharmaceuticals GmbH)

www.wegweiser-demenz.de (Bundesministerium für Familie, Senioren, Frauen und Jugend)

www.alzheimerblog.de (Ein Online Projekt der Deutschen Alzheimer Gesellschaft e.V.)

www.hirnliga.de (Deutschlands Alzheimer Forscher)

LEITBILD

der Deutschen Alzheimer Gesellschaft

Selbsthilfe Demenz

1. Wer wir sind

Die Deutsche Alzheimer Gesellschaft ist eine Selbsthilfeorganisation. Bei uns engagieren sich Angehörige der Erkrankten und nach Möglichkeit die Betroffenen selbst, sowie Ehren- und Hauptamtliche verschiedener Berufsgruppen.

Als freiwilliger Zusammenschluss sind wir vom Ehrenamt geprägt. Die unterschiedlichen Mitglieder unserer Gesellschaft arbeiten gleichberechtigt und vertrauensvoll zusammen.

Wir finanzieren uns als gemeinnützige Organisation aus Mitgliedsbeiträgen, Spenden, Geldern der öffentlichen Hand und zweckgebundenen Fördermitteln.

2. Für wen wir da sind

Wir vertreten ausschließlich die Interessen der Demenzkranken und ihrer Angehörigen.

Unser Ziel ist es, dass Demenzkranke und ihre Angehörigen in unserer Gesellschaft akzeptiert sind und sich wohl fühlen können.

Wir stehen allen am Thema Interessierten als Ansprechpartner zur Verfügung.

3. Was uns bewegt

Die Alzheimer-Krankheit ist eine fortschreitende hirnorganische Erkrankung, die zur Zeit nicht heilbar ist. Sie ist die häufigste Form einer Demenzerkrankung und keine zwangsläufige Alterserscheinung. Die hohe und steigende Zahl der Erkrankten, die vielen Jahre des Krankheitsverlaufes und die große Belastung für die Betroffenen und ihre Angehörigen sind ein gesamtgesellschaftliches Problem, das vielen nicht bewusst ist. Die Erkrankten haben sowohl ein Recht auf Diagnostik und Behandlung als auch auf umfassende Versorgung und Begleitung. Wir nehmen für die Demenzkranken jetzt und in Zukunft eine Schutzfunktion wahr.

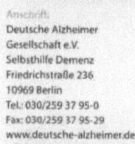

Anschrift:
Deutsche Alzheimer
Gesellschaft e.V.
Selbsthilfe Demenz
Friedrichstraße 236
10969 Berlin
Tel.: 030/259 37 95-0
Fax: 030/259 37 95-29
www.deutsche-alzheimer.de
info@deutsche-alzheimer.de

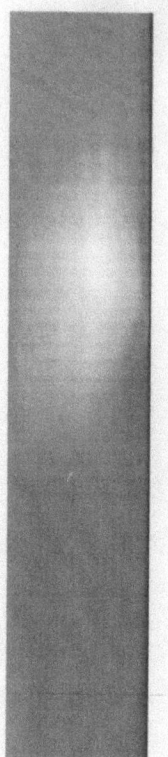

Leitbild der Deutschen Alzheimer Gesellschaft

Selbsthilfe Demenz

4. Was wir leisten

Wir lassen Demenzkranke und ihre Angehörigen nicht allein.
Wir geben persönliche Beratung und Unterstützung, bieten Entschei-
dungshilfen und vermitteln Wissen. Wir werben in der Öffentlichkeit um
Verständnis, indem wir über das Krankheitsbild der Alzheimer-Krankheit
und anderer Demenzerkrankungen aufklären und die Berichterstattung
über die Krankheit und der von ihr Betroffenen fördern. Als Lobbyorgani-
sation nehmen wir im politischen Umfeld Stellvertreterfunktion wahr.
Wir erarbeiten Konzepte für eine bessere Versorgung Demenzkranker,
schaffen Entlastungsangebote für Angehörige und sorgen für die
Verbreitung von Fachwissen und den Erfahrungsaustausch. Dabei sind
wir kreativ und offen für neue Ideen und Erfahrungen.

5. Unsere besondere Kompetenz

Das Erfahrungswissen der Angehörigen und die Fachkompetenz
verschiedener Berufsgruppen stehen in der Deutschen Alzheimer
Gesellschaft gleichberechtigt nebeneinander und verbinden sich. Dieses
Miteinander garantiert, dass wir in unserer Arbeit nah am Betroffenen
sind.

6. Unser Netzwerk

Wir als Deutsche Alzheimer Gesellschaft sind eingebunden in die
Dachorganisationen der Selbsthilfe in Deutschland (BAG Selbsthilfe)
und die internationalen Organisationen der Alzheimer-Selbsthilfe
Alzheimer Europe und Alzheimer's Disease International. Darüber hinaus
arbeiten wir mit anderen Organisationen, Initiativen, Unternehmen
und Einrichtungen, die sich mit der Demenzversorgung beschäftigen,
kooperativ und gleichberechtigt zusammen und bewahren uns unsere
Eigenständigkeit und Unabhängigkeit.

Alzheimer Telefon:
01803/17 10 17
9 Cent pro Minute
Beratung und Information:
Mo – Do 9.00 – 18.00 Uhr
Fr 9.00 – 15.00 Uhr

Spendenkonto:
Bank für Sozialwirtschaft
Berlin
BLZ 100 205 00
Konto 337 78 00

Das Leitbild wurde auf der Delegiertenversammlung am 12. November
2005 verabschiedet.

**Die Deutsche Alzheimer
Gesellschaft e.V.
Selbsthilfe Demenz**

● ist der Bundesverband von über 130
regionalen und örtlichen Alzheimer-
Gesellschaften, die sich für das Wohl
Demenzkranker und ihrer Familien
einsetzen.

● Kontakt:
Deutsche Alzheimer Gesellschaft e.V.
Selbsthilfe Demenz
Friedrichstr. 236 · 10969 Berlin
Alzheimer-Telefon (030) 25 93 79 5-14
Fax (030) 25 93 79 5-29
info@deutsche-alzheimer.de
www.deutsche-alzheimer.de

*Alzheimer-Telefon
Wir sind für Sie da!*

0 18 03 - 17 10 17

Gefördert vom ✦ Bundesministerium
für Familie, Senioren, Frauen
und Jugend

Stand: Februar 2012

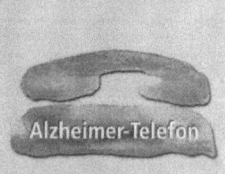

Alzheimer-Telefon:
0 18 03 - 17 10 17*

* 9 ct/Min. aus dem deutschen Festnetz

Alzheimer-Telefon (Festnetz):
030 - 259 37 95-14

Beratung und
Information für
Menschen mit Demenz,
Angehörige,
ehrenamtlich und
beruflich Engagierte

Deutsche Alzheimer Gesellschaft e.V. Selbsthilfe Demenz

Das Alzheimer-Telefon ...

- ... bietet Ihnen als Betroffene, pflegende Angehörige, professionell oder ehrenamtlich Engagierte kompetente Beratung und Information.

- ... nennt Ihnen Adressen von Angehörigengruppen und regionalen Alzheimer-Gesellschaften.

- ... ist für Sie erreichbar montags bis donnerstags von 9.00 bis 18.00 Uhr freitags von 9.00 bis 15.00 Uhr und nach Vereinbarung auch außerhalb der Sprechzeiten.

030 - 25 93 79 95 - 14

*Alzheimer-Telefon
Wir sind für Sie da!*

---

*Alzheimer-Telefon
Beratung und Information*

0 18 03 - 17 10 17

Wir sind für Sie da ...

- ... wenn Sie Fragen zu Gedächtnisstörungen, der Alzheimer-Krankheit und anderen Demenzformen haben.

- ... wenn Sie Informationen zur Diagnose und Therapie suchen.

- ... wenn Sie Informationen zum alltäglichen Umgang mit Demenzkranken brauchen.

- ... wenn Sie Fragen zur Pflegeversicherung, zum Betreuungsrecht, zur ambulanten, stationären und teilstationären Versorgung haben.

- ... wenn Sie sich durch praxisnahe Broschüren der Deutschen Alzheimer Gesellschaft informieren möchten.

- ... und wenn Sie sich einfach einmal aussprechen möchten.

Kostenlose Informationsmaterialien. Bitte bei Bestellung € 1,45 Rückporto beifügen:

☐ Das Wichtigste über die Alzheimer-Krankheit und andere Demenzformen

☐ Alzheimer – was kann ich tun? – Ratgeber für Betroffene

☐ Kostenloses Probeexemplar der Mitgliederzeitschrift „Alzheimer Info"

Ich bestelle folgende Broschüren gegen Rechnung (Preise umfassen Schutzgebühr, Porto und Versand):

☐ Leitfaden zur Pflegeversicherung (€ 6,00)

☐ Ratgeber in rechtlichen und finanziellen Fragen (€ 4,00)

☐ Prävention, Therapie und Rehabilitation für Demenzkranke (€ 4,00)

☐ Leben mit Demenzkranken (€ 4,00)

☐ Frontotemporale Demenz. Krankheitsbild, Rechtsfragen, Hilfen für Angehörige (€ 4,00)

☐ Sicher und selbstbestimmt. Technische Hilfen für Menschen mit Demenz (€ 4,00)

☐ Ernährung in der häuslichen Versorgung Demenzkranker (€ 4,00)

☐ Miteinander aktiv. Alltagsgestaltung und Beschäftigung für Menschen mit Demenz (€ 4,00)

☐ Demenz interaktiv (CD-Rom). Informationen und Übungen für Angehörige und Betroffene (€ 15,00)

Deutsche Alzheimer Gesellschaft e.V. Selbsthilfe Demenz   Friedrichstraße 236   10969 Berlin